Inhalt

Eier und Vorarbeiten

Unabhängig davon, für welche Technik Sie sich bei der Verzierung Ihrer Ostereier entscheiden, bleibt die wichtigste Vorbereitung die sorgfältige Auswahl der Eier selbst. Nur im Sprichwort gleicht nämlich ein Ei dem anderen.

Bei der Vorbereitung Ihrer Eier sollten Sie zuerst das Material bestimmen, aus dem Sie den Osterschmuck herstellen wollen. Für die meisten Verzierungstechniken eignet sich sicherlich ein natürliches Vogelei am besten.

Doch gibt es auch einige Dekorarten, die sich mit Natureiern nicht durchführen lassen, wie beispielsweise viele Applikationstechniken. Hierfür findet man im Bastel- und Hobbybedarf eine große Auswahl an Kunststoff-, Wachs- und Watteeiern.

Auch die Farbe der zukünftigen Ostereier sollte bei der Auswahl eine Rolle spielen. Werden die Eier nicht deckend gefärbt, so müssen Sie bedenken, daß beispielsweise bei Landeiern durch den braunen Grundton Mischtöne entstehen, die in der Wirkung sehr gesetzt und natürlich sind. Solche Farbmischungen lassen sich bei der Dekoration der Eier gut miteinbeziehen und sollten darum auch bewußt in Kauf genommen werden.

Waren die bisherigen Merkmale vor allem für die Gestaltung der Eier von Bedeutung, so gibt es zwei weitere Kriterien, die für die Bearbeitung wichtig sind. Achten Sie auf Kalkspritzer auf den Eiern.

Die klassische Form des Hühnereis und seine Entsprechung in Kunststoff.

Gisela Renner/
Manuela Scheffler/Inge Wensauer

OSTEREIER

bemalen und dekorieren

Mit Vorlagen
in Originalgröße

Augustus Verlag

Liebe Bastelfreunde,

viele Feste haben außer ihren eigenen Bräuchen auch ihre ganz besonderen Bastelarbeiten. So erinnert sich wahrscheinlich jeder an die Kinderzeit, wo zu Ostern Eier ausgeblasen, mit Zwiebelschalen gefärbt und mit den Farben aus dem Schulmalkasten bemalt wurden. Daneben gibt es natürlich noch viele regional unterschiedliche Traditionen, die teilweise recht knifflige Arten der Eierverzierung kennen.

Als das stärkste Symbol der Fruchtbarkeit hat das Ei im Zusammenhang mit der Lebenskraft und Auferstehung Christi auch in der christlichen Tradition seinen Platz behauptet, den es bereits in vorchristlichen Frühjahrsfesten besaß. Geschmückt und beschriftet ist es stets Ausdruck guter Wünsche und freundlicher Botschaften gewesen.

Kunstvoll dekorierte Ostereier sind heutzutage auch begehrte Sammelobjekte, wobei oftmals nicht der materielle Wert ausschlaggebend ist, sondern vielmehr die Tradition und Kreativität in der Gestaltung das Interesse der Sammler wecken.

Wir haben in diesem Buch sowohl Bekanntes und Bewährtes, als auch neu Entdecktes und neu Erdachtes zusammengetragen, so daß aus unterschiedlichen Techniken ein recht bunter Osterstrauß entstehen kann, in dem sich letztlich für jeden Geschmack und jedes Alter die passende Dekoration finden läßt.

Viel Freude und Muße bei den österlichen Vorbereitungen wünschen Ihnen

Gisela Renner   Manuela Scheffler

　　　　Inge Wensauer

Auch wenn Sie diese entfernen, haften die Farben später nur sehr schlecht oder gar nicht an diesen Stellen.

Überprüfen Sie die Schale auf Risse und Sprünge, indem Sie das Ei gegen das Licht halten. Achten Sie auch auf die Stärke der Schale, die bei Eiern aus Bodenhaltung naturgemäß dicker ist. Verwenden Sie nämlich ein Ei mit zu schwacher oder beschädigter Schale, kann es beim Ausblasen oder spätestens beim Verzieren brechen, und alle Arbeit wäre vergebens gewesen.

Nach der Auswahl bohren Sie oben und unten ein kleines Loch. Mit einem elektrischen Graviergerät ist das kein Problem. Es geht aber natürlich auch mit einfacheren Mitteln: Stechen Sie das Ei vorsichtig mit einer Nadel an, vergrößern Sie das Loch ein wenig, und bohren Sie dann mit einem Messer oder einem Kreuzschlitzschraubenzieher das Loch rund nach.

Anschließend muß das Ei ausgeblasen werden. Dazu gibt es im Bastelfachgeschäft spezielle Pumpen, der traditionelle Strohhalm erfüllt den selben Zweck. Zerteilen Sie zuerst den Eidotter mit einem Zahnstocher, und verrühren Sie ihn gut mit dem Eiweiß. Wenn Sie beim ersten Blasen das Ei auf einer Seite zuhalten, erhöht sich der Innendruck des Eis, und der Inhalt fließt nach dem Öffnen des Lochs leichter ab. Trotzdem benötigen Sie bei dieser Methode schon ein wenig Kraft.

Zum Schluß muß das Ei innen und außen gut gereinigt werden. Dazu verwenden Sie eine Mischung aus warmem Wasser, Geschirrspülmittel und Essig. So kann das Ei innen nicht faulen und ist auf der Außenseite fettfrei, was eine bessere Haftung der Farbe bewirkt. Nun sollten Sie einige Schaschlikspieße bereithalten, die — gegebenenfalls in einen mit Sand gefüllten Blumentopf gesteckt — die Eier während des Dekorierens halten.

Verschiedene Farben und Formen bieten die Eier unterschiedlicher Vogelarten.

Wiesenblumen

Die wohl beliebteste Art der Eierverzierung ist neben dem einfachen Färben die Malerei. Orientieren Sie sich anhand der Vorlagen auf den Seiten 77 und 78, und zeichnen Sie mit einem harten Bleistift das Motiv auf dem Ei vor. Weiße Hühnereier lassen die leuchtenden Farben der Blumen am besten zur Geltung kommen. Skizzieren Sie darum nur so wenig wie möglich, damit die Reste der Bleistiftstriche das Ei nicht unsauber erscheinen lassen.

Mit Wasserfarben und einem feinen Haarpinsel (Nr. 2 oder kleiner) malen Sie nun zuerst die Flächen in den hellen Farbtönen aus. Waschen Sie bei jedem Farbwechsel den Pinsel gut aus, nur so erhalten Sie die Reinheit und die Leuchtkraft der Farben. Wenn die hellen Farben getrocknet sind, malen Sie mit einem Pinsel Nr. 0 oder Nr. 1 die Umrisse und Blattstengel auf. Auch Schattierungen in dunkleren Farbtönen bringen Sie erst in diesem Arbeitsgang auf.

Mit Deckweiß lassen sich zum Schluß noch plastische Elemente wie die Pusteblume gestalten. Da diese nur beim Bewegen im Licht zu sehen ist, paßt dieser Effekt gut zu der zarten Malerei.

Wenn Sie die Eier verschenken wollen, sind die entsprechend bemalten Spanschachteln eine schöne Ergänzung. Grundieren Sie sie mit Temperaweiß vor, und bemalen Sie sie mit den gleichen Motiven, mit denen Sie bereits die Eier verschönert haben.

Die Vorlagen für die mit Wiesenblumen bemalten Eier finden Sie auf den Seiten 77 und 78.

Blumen, Schmetterlinge

Ähnlich wie die Wiesenblumen werden die Blumen in der Vase gestaltet. Eine Variante dieses Motivs finden Sie übrigens auf Seite 2/3 (Vorlage dazu auf Seite 75). Zeichnen Sie zuerst wieder mit einem harten Bleistift die Umrisse nach der Vorlage auf Seite 77 kaum sichtbar vor. Hier allerdings arbeiten Sie von dunkel nach hell, indem Sie zuerst alle Teile in der jeweiligen Grundfarbe ausmalen. Noch bevor diese Farbschicht getrocknet ist, legen Sie nun Lichter mit Deckweiß an. Das Deckweiß vermischt sich etwas mit der Untergrundfarbe und gibt dem Ganzen so eine recht plastische Wirkung.

Verwenden Sie auch hier einen Haarpinsel Nr. 2, den Sie bei jedem Farbwechsel gründlich ausspülen sollten, um schmutzige Farbtöne zu vermeiden. Für die geometrischen Formen der Blumenvasen und die Lichter sollten Sie einen feineren Pinsel benutzen, mit dem sich exakt arbeiten läßt.

Das Schmetterlingsmotiv auf der rechten Seite läßt sich auch von Kindern sehr gut bewältigen. Da die Grundform recht einfach ist, benötigen Sie nicht einmal eine Bleistiftvorzeichnung.

Malen Sie mit Wasserfarben die Umrisse nach der Vorlage auf Seite 75 direkt auf die gereinigten und mit Essig abgeriebenen Eier. Füllen Sie die Flächen nun mit einem helleren Farbton aus, und schattieren Sie sie mit einem dunkleren Ton.

Bauernmalerei

Grundieren Sie zuerst das Ei mit Tempera- oder Plakatfarbe. Wenn die Farbe gut durchgetrocknet ist, zeichnen Sie mit einem weißen Buntstift grob und mit wenigen Strichen das von Ihnen nach den Vorlagen von den Seiten 76 und 77 ausgewählte Motiv vor.

Mit einem Haarpinsel Nr. 2 oder Nr. 3 legen Sie nun die Blätter, Stiele und Blüten an. Verwenden Sie ebenfalls Tempera- oder Plakatfarben, da diese sich zum einen mit dem Untergrund vertragen und zum anderen gut decken und nur langsam trocknen. Mit Weiß oder Gelb und einem Pinsel Nr. 1 malen Sie nun die Lichter in die noch feuchten Flächen, das gibt dem Ganzen den typischen, plastischen Charakter der Bauernmalerei. Blattadern sollten Sie allerdings erst nach dem Trocknen mit einem dunklen Grünton aufmalen, damit sich die feinen Linien auch wirklich vom Blatt absetzen.

Wenn die Eier schließlich ganz getrocknet sind, sollten Sie sie mit einer Schutzschicht aus Klarlack überziehen.

Mein Tip Selbstverständlich lassen sich die Eier auch im Färbebad grundieren. Wenn Sie gerne Naturfarben verwenden, erzielen Sie einen schönen dunklen Braunton mit grünen Walnußschalen (aus der Apotheke).

Die Vorlagen für die Blumen im Bauernmalereistil finden Sie auf den Seiten 76 und 77.

Bauernmalerei

Die Vorlagen für die Blumen im Bauernmalereistil finden Sie auf Seite 77.

Bauernmalerei

Die Vorlagen für die Blumen im Bauernmalereistil finden Sie auf Seite 76.

Die Vorlagen für die Blumenmotive von den Seiten 17 und 18/19 finden Sie auf den Seiten 76, 77 und 78.

Färben oder grundieren Sie die Eier in einem warmen, dunklen Ton, da nur so die für Bauernmalerei typischen Lichter richtig zur Geltung kommen können. Wenn Sie das Ei streichen wollen, verwenden Sie am besten Tempera- oder Plakatfarbe, da sich nur dieser Untergrund gut mit den wasserlöslichen Farben der Bemalung verträgt. Sie können sowohl Aquarellfarbe aus der Tube als auch Plakatfarben dafür verwenden. Die Farbe muß lediglich gut decken und darf nur langsam trocknen.

Mit einem weißen Buntstift skizzieren Sie zuerst die Motive nach den Vorlagen von Seite 76. Malen Sie nun jeweils ein Element (Blumen, Blätter, Trauben, Korb) in der Grundfarbe aus, und setzen Sie dann mit einem feinen Haarpinsel (Nr. 1) und weißer Farbe die Lichter auf den noch feuchten Untergrund. Durch das Vermischen mit der Grundfarbe entsteht der für Bauernmalerei typische Charakter. Schatten setzen Sie auf die gleiche Weise mit einem zweiten Pinsel und einer Mischfarbe aus dem Grundton und Schwarz. Wenn sich Grundfarbe und Weiß gut miteinander verbinden, ist ein nachträgliches Schattieren mit Schwarz allerdings meist nicht nötig.

Zum Schluß vervollständigen Sie Ihr Gemälde durch gelbe oder schwarze Tupfen in der Mitte der auffälligsten Blüten. So entsteht ein Blickfang, der zudem das Bild ordnet.

Blumenpracht

Die Motive dieser Seite und der folgenden Doppelseite sind in einer Mischtechnik aus Wasserfarben- und Bauernmalerei gestaltet worden. Der Grund dafür liegt in den verwendeten hellbraunen Landeiern, die für reine Bauernmalerei zu hell sind.

Skizzieren Sie nach dem Reinigen der Eier die Umrisse des Motivs mit einem harten Bleistift. Orientieren Sie sich dabei an den Vorlagen von Seite 76 bis 78.

Verwenden Sie nun Deckfarben aus der Tube, um die Motive farbig zu gestalten. Da hier nicht grundiert wurde, können Sie Wasser-, Acryl- oder Ölfarben verwenden. Bleiben Sie aber beim einmal gewählten Farbtyp, damit Sie nicht von unerwünschten chemischen Reaktionen überrascht werden. Das gleiche gilt natürlich auch für den Schutzlack, mit dem das Ei später überzogen wird.

Malen Sie die einzelnen Elemente in den Grundfarben aus, und setzen Sie wie bei der Bauernmalerei die Lichter mit Weiß oder Gelb auf die noch feuchte Farbe. Nur bei Blüten, deren Grundton Weiß ist, müssen Sie von hell nach dunkel arbeiten. Verwenden Sie hier ein frisches Blau zum Schattieren der Blütenblätter. Abschließend ziehen Sie die Stengel und Stiele mit einem sehr feinen Haarpinsel (Nr. 0 oder Nr. 1), und wenn auch diese getrocknet sind, können Sie das Ei lackieren, damit die Farben nicht abblättern.

17

Geometrisches

Das Bemalen von Eiern mit geometrischen Formen scheint zwar auf den ersten Blick sehr einfach, erfordert aber doch einiges Fingerspitzengefühl.

Um klare Formen auf der runden, unregelmäßigen Oberfläche des Eis richtig darstellen zu können, sollten Sie es mit einem harten Bleistift vor dem Bemalen in mehrere gleich große Sektoren einteilen. Passen Sie dann die Muster nach der Vorlage auf den Seiten 72 und 73 so in dieses Gitternetz ein, daß sie gleichmäßig auf der Oberfläche verteilt sind.

Verwenden Sie zum Bemalen des Eis normale Wasserfarben, die allerdings gut decken sollten. Beginnen Sie mit der Hintergrundfarbe, wobei Sie die Ornamente auf Vorder- und Rückseite aussparen müssen. Anschließend malen Sie die größeren Felder der Motive aus. Zuletzt ziehen Sie die begrenzenden Konturen zwischen den einzelnen Feldern und setzen kleine Punkte und Striche in Weiß oder Gelb als ordnende Ornamente. Achten Sie darauf, daß alle anderen Farben bereits gut getrocknet sind, damit sich die einzelnen Felder klar und sauber voneinander abheben.

Die Vorlagen für die geometrischen Muster finden Sie auf den Seiten 72 und 73.

Mein Tip Gerade geometrische Muster eignen sich gut zum gemeinsamen Malen mit Kindern.

Hölzchentechnik

Hübsche Muster lassen sich nicht nur mit Pinseln gestalten. Mit dieser Tupfentechnik schaffen Sie mit etwas Übung schnell harmonische Ornamente.

Der erste Arbeitsschritt besteht im Grundieren mit Dispersionsfarbe. Diese Farbe wird normalerweise zum Abtönen von Wand- und Deckenfarbe verwendet und ist damit ein etwas ungewöhnliches Material für die Ostereierdekoration. Doch besitzt sie die Cremigkeit und Pastosität, die für die Hölzchentechnik notwendig ist.

Ist die Grundierung getrocknet, stellen Sie in einigen Näpfchen verschiedene Dispersionsfarben bereit. Zu jedem Napf sollten Sie dann mehrere Streichhölzer und Zahnstocher legen. Ist alles vorbereitet, tupfen und ziehen Sie mit den Hölzchen die Muster, wie Sie sie auf den Seiten 72 und 73 vorgezeichnet finden. Dabei sind Ihrer Phantasie natürlich keine Grenzen gesetzt, und eigenen Dekors steht nichts im Wege.

Bevor Sie sich an ein Ei wagen, sollten Sie die Möglichkeiten dieser Technik zuerst auf einem Stück festem Papier erproben:

So ergeben Tupfen mit Streichholzköpfen schöne runde Punkte, kippen Sie das Köpfchen ein wenig, erhalten Sie Tropfen. Spitze Tröpfchen gelingen mit Zahnstochern am besten, und natürlich können Sie mit den Hölzchen auch richtige Linien ziehen.

Die Vorlagen für die Hölzchentechnik finden Sie auf den Seiten 72 und 73.

Hölzchentechnik

Grundieren Sie auch hier zuerst wieder mit Dispersionsfarbe. Mischen Sie dem Rot etwas Gelb bei, so erhält es mehr Leuchtkraft.

Bevor die Grundierung ganz trocken ist, können Sie übrigens mit einem spitzen Zahnstocher kleine Hilfslinien ziehen, falls Ihr Muster sonst Gefahr läuft, zu ungleichmäßig zu werden.

Stellen Sie sich nun wieder die Näpfchen mit den Farben und einige Hölzchen zurecht. Tupfen, ziehen und drücken Sie dann Ihre Muster auf die gut getrocknete Oberfläche. Gemeinsam mit dem roten Untergrund ergeben kleinteilige Muster in bunten Farben ein lebendiges Dekor. Verwenden Sie darum reine Farben wie Gelb, Blau und Grün, die sich gut vom Rot absetzen. Abschließend bringen weiße Elemente das Ei so richtig zum Leuchten.

Kombinieren Sie bei der Gestaltung Ihrer Motive ruhig auch Pinsel und Hölzchen, dabei sollten Sie für ornamentale Muster allerdings ausschließlich die Hölzchen verwenden.

Mein Tip Um die doch recht dicken Farbschichten vor dem Abblättern zu bewahren, sollten Sie das Ei gut mit einer abschließenden Klarlackschicht schützen.

Die Vorlagen für die Motive auf dieser Seite finden Sie auf den Seiten 72 und 73.

Hölzchentechnik

Hölzchentechnik

Beginnen Sie wieder mit dem Grundieren der Eier. Verstreichen Sie dazu die schwarze Dispersionsfarbe gleichmäßig auf der Oberfläche. Mit einem spitzen Zahnstocher markieren Sie dann vorsichtig auf der noch nicht ganz getrockneten Oberfläche die Verteilung der Motive auf dem Ei, damit beim späteren Bemalen keine Ungenauigkeiten entstehen und so das gesamte Dekor stören können.

Stellen Sie nun wieder kleine Näpfe mit Dispersionsfarben zurecht, wobei Sie ruhig zwei oder drei Näpfe mit weißer Farbe vorbereiten sollten, da naß in naß gemalt wird, und das Weiß zwangsläufig verschmutzt.

Beim Schmetterlingsmotiv malen Sie ähnlich wie bei der Bauernmalerei mit Weiß auf die noch feuchte Farbe. Das Ei rechts zeigt sehr gut, welche Farbpalette Sie beim Betupfen schwarz grundierter Eier verwenden sollten. Auch metallfarbene Töne heben sich gut vom Schwarz ab. Da diese Farben nicht als Dispersionsfarben erhältlich sind, nehmen Sie am besten entsprechende Modellbaufarbe.

Die Vorlagen für die Dekors dieser Seite finden Sie auf Seite 72.

24

Hölzchentechnik

Für die Grundierung mit Dispersionsfarben eignen sich alle dunklen, starken Farbtöne wie Braun, Rot, Schwarz und Nachtblau. Welche Farbe Sie auswählen, hängt von Ihrem persönlichen Geschmack und dem Motiv, mit dem Sie das Ei verzieren wollen, ab.

Gold und Blau bildeten beispielsweise schon im alten Ägypten ein beliebtes Farbenspiel, das bei dem Ei links durch den dem dunklen Untergrund angepaßten Blauton sehr gut mit dem Grundkontrast Schwarz/Weiß harmoniert. Solche Muster können Sie ganz nach eigenem Belieben kreieren, Sie sollten nur darauf achten, daß auffällige Elemente wie weiße Tupfen sehr gezielt und zurückhaltend eingesetzt werden, um das Ganze optisch nicht aus dem Gleichgewicht zu bringen.

Beim Ei rechts wurde für die Blütenblätter wieder der Pinsel verwendet, damit diese sich gut von den Tupfen im umlaufenden Band abheben. Da der blaue Hintergrund keinen sehr starken Kontrast zum Weiß bildet, wirken die hellen Flächen auch nicht störend.

Die Vorlagen für die Dekors dieser Seite finden Sie auf den Seiten 72 und 74.

25

Tiergemälde

Ein kleines Kunstwerk schaffen Sie mit diesem Ei leichter und schneller, als Sie denken. Außer etwas Geduld benötigen Sie Aquarell- oder gute Wasserfarbe, Tusche (Scribtol) und ein Grafikermesser oder Skalpell.

Zeichnen Sie zuerst die Enten nach den Vorlagen auf Seite 75 mit einem harten Bleistift vor. Skizzieren Sie nur die Linien, die Sie wirklich benötigen, da anschließend nicht mehr radiert werden kann. Wie bei der Aquarelltechnik üblich, müssen Sie nun mit den hellsten Farben beginnen. Das sind in diesem Fall die Grundtöne des Gefieders, das Gelb der kleinen Enten und das sie umgebende blaue Wasser.

Beginnen Sie ruhig mit dem Wasser, da sie hierfür die Farbe sehr wässrig anrühren müssen, um den wolkigen Effekt zu erzielen. Sparen Sie beim Malen des Wassers unbedingt die Enten aus, da Aquarellfarben nicht decken und Überläufe oft unschön und schmutzig wirken.

Nachdem Sie das Gefieder mit einem hellen Ton vorgemalt haben, gehen Sie mit einem Haarpinsel Nr. 0 oder Nr. 1 darüber, um die Federstruktur anzulegen. Legen Sie Schicht über Schicht, bis Sie den von Ihnen gewünschten Farbton erzielt haben. Mit einem kräftigen Rot färben Sie nun den Schnabel.

Alle schwarzen Stellen auf diesem Bild wurden mit Tusche gemalt. Da die Tusche sehr kräftig wirkt, sollten Sie sie zurückhaltend verwenden. Der Kopf der Ente wurde mit einem ganz einfachen Trick recht eindrucksvoll gestaltet. Über eine graubraune Aquarellgrundierung wurde eine Tuscheschicht gelegt. Auf der getrockneten Tuschefläche werden anschließend mit einem spitzen Grafikermesser (Cutter) einige Linien freigelegt, wodurch eine federähnliche Struktur entsteht.

Die Vorlagen für die verschiedenen Enten finden Sie auf Seite 75.

Mein Tip Überziehen Sie Ihr Gemälde zum Schutz am besten nur mit einem Film aus Mattlack, da eine glänzende Oberfläche der Malerei viel von ihrer Wirkung nehmen würde.

Porträt

Eine ganz persönliche Geschenkidee ist ein Ei, das Sie mit dem Porträt des oder der Beschenkten bemalt haben. Besorgen Sie sich also zuerst ein Bild desjenigen, den Sie auf dem Ei verewigen möchten — natürlich ohne daß er oder sie etwas davon merkt. Am geeignetsten ist natürlich ein Paßbild, da es bereits das richtige Format besitzt. Wenn Sie sich nicht zutrauen, die Gesichtszüge freihand auf das Ei zu übertragen, gibt es dennoch eine einfache, aber effektive Möglichkeit.

Legen Sie ein Stück Transparentpapier über das Foto, und zeichnen Sie mit einem feinen Filzschreiber die wichtigsten Gesichtszüge nach. Nehmen Sie das Papier vom Foto ab, und schwärzen Sie es auf der Rückseite mit einem weichen Bleistift. Nun fixieren Sie das Papier mit etwas Klebefilm auf dem Ei und drücken die Konturen vorsichtig mit einem spitzen, harten Bleistift durch. Nachdem Sie das Papier wieder abgenommen haben, säubern Sie das Ei vorsichtig mit einem trockenen Pinsel. Achten Sie aber darauf, daß Sie die Bleistiftzeichnung nicht verwischen. Nun beginnen Sie, das Porträt mit Aquarell- oder Wasserfarben zu kolorieren. Fangen Sie mit den hellen Farbtönen an, und legen Sie Schicht für Schicht die Schattierungen darüber. Mit dem Grafikermesser (Cutter) lassen sich nachträglich noch Lichter — beispielsweise für die Augen — kratzen.

Marmorieren

Einer der schönsten Effekte für die Gestaltung von Ostereiern ist das Marmorieren, das man sonst eigentlich nur als Mittel zur Herstellung geschmackvoller Papiere kennt. Beginnen Sie mit den Vorbereitungen, indem Sie Tapetenkleister in einem Gefäß anrühren, das etwa einen halben bis einen Liter Fassungsvermögen besitzt. Das ist nötig, damit sich das Ei später darin mühelos tauchen läßt, ohne an den Seiten des Ge-

fäßes anzustoßen. Das Mischungsverhältnis für den Kleister (Methylcellulose) sollte 1 Eßlöffel Kleister auf 1 Liter Wasser sein. Schlagen Sie den Kleister nach etwa zwanzig Minuten noch einmal gut durch, damit sich keine Klümpchen bilden, und lassen Sie ihn dann ruhen, bis er völlig ohne Luftblasen ist.

Decken Sie Ihre Arbeitsfläche nun gut mit Zeitungen ab, und stellen Sie alle Materialien, die Sie benötigen werden, bereit,

da Sie unter Umständen recht zügig arbeiten müssen. Reiben Sie zuerst die Eier mit einer Lösung aus einem Teil Wasser und einem Teil Spiritus ab, und lassen Sie sie trocknen, damit die Farbe gut haften kann. Schieben Sie nun einen Draht oder Pfeifenreiniger durch das Ei, und knicken Sie ihn an den Enden rechtwinklig ab. So haben Sie einen Halter, mit dem Sie die Eier anschließend mühelos tauchen können.

Verdünnen Sie nun Ölfarben mit etwas Terpentinöl ein wenig stärker, als es bei der Ölmalerei gebräuchlich ist, und träufeln Sie einige Tropfen davon auf die Oberfläche des Tapetenkleisters. Verwenden Sie mehrere Farben, so beginnen Sie mit dem hellsten Farbton und tragen anschließend den jeweils dunkleren Ton auf den Kleister auf. Ziehen Sie nun einige Muster mit einem Zahnstocher durch die Farbschicht. Arbeiten Sie hierbei sehr sorgfältig, damit Sie die Farbe auf keinen Fall unter den Kleister rühren.

Tauchen Sie nun das Ei auf dem Pfeifenreiniger zügig und ganz in den Kleister ein, so daß die Ölfarbenspuren das Ei umschließen. Nehmen Sie es nun vorsichtig aus der Masse heraus, und schwenken Sie es ebenso vorsichtig in einem bereitgestellten Wassereimer. Dabei werden der Kleister und überschüssige Farbe abgewaschen. Nun muß die Ölfarbe auf dem Ei noch etwa 12 bis 24 Stunden trocknen.

Gerade Farbtöne, die sonst nicht miteinander harmonieren, verleihen der Marmorstruktur einen besonderen Reiz.

Marmorieren

Bereits zwei oder drei Farben können ausreichen, um geschmackvolle Muster zu erzeugen.

Die bereits auf Seite 30 ausführlich beschriebene Technik, Eier zu marmorieren, bietet eine Vielzahl von gestalterischen Möglichkeiten.

Die Zahl der verwendeten Farben kann beliebig variiert werden, so daß eine wahre Farbgalaxie das Ei ziert. Interessant ist es, übrig gebliebene Farbreste auf dem Kleister zu belassen und mit weiteren Farben anzureichern. Durch das Belassen der Reste entstehen kleinste Farbfelder, deren winzige Farbmenge sich nie exakt durch Auftropfen aufbringen ließe.

In der Regel sollten Sie die Kleisteroberfläche aber nach jedem Tauchgang mit einem Bogen Zeitungs- oder Küchenpapier reinigen, da sonst zu viele Mischtöne entstehen, die recht schmutzig wirken können. Gerade wenn Sie mit verschiedenen Farbkombinationen experimentieren wollen, lohnt sich die sorgfältige Säuberung des Kleisters.

Überlegen Sie, ob Sie beim Kombinieren der Farben nicht bewußt auf sogenannte Komplementärkontraste zurückgreifen wollen. Komplementärkontraste werden durch Farben gebildet, die sich auf dem Farbkreis gegenüberstehen. Einige Beispiele dafür: Rot und Grün, Blau und Orange, Violett und Gelb, Orangerot und Türkis, Pink und Gelbgrün usw.

Diese Kontrastfarben setzen sich derart stark voneinander ab, daß eine richtige Leuchtwirkung davon ausgeht.

Mein Tip Tupfen Sie die Eier nach dem Abspülen im Wasser niemals trocken, da Sie sonst die Muster verwischen würden.

Marmorieren

Da Ölfarben decken, lassen sich neben weißen Eiern selbstverständlich auch Landeier hervorragend marmorieren. Sie können dabei sowohl Farbtöne, die mit dem Untergrund harmonieren, als auch solche, die sich gut abheben, verwenden. Verschiedene Brauntöne, Dunkelrot, Dunkelgelb und Gold schaffen eine sehr edle Atmosphäre. Wenn Sie mit einem leuchtenden Rot und Blautönen arbeiten, so wird das Ganze wiederum sehr viel lebendiger, und das Hellbraun des Untergrunds wird zu einer Farbe neben anderen und dominiert das Ei nicht mehr so stark.

Sehr ansprechend lassen sich auch regelmäßige Muster gestalten, die Sie mit mehrfach gezackten Instrumenten, wie einer Gabel oder einem Kamm, in den Ölfarbenfilm auf dem Tapetenkleister ziehen. Um eine solche Regelmäßigkeit auch auf dem Ei entstehen zu lassen, sollten Sie die Muster auf dem Kleister stern- oder kreisförmig anlegen, da sich das Muster zusammenzieht, wenn Sie das Ei in der Mitte des Kreises eintauchen.

Interessante Dekors erzielen Sie ebenfalls, wenn Sie entweder von Natur aus gesprenkelte Eier verwenden oder die Sprenkel mit Ölfarbe und einer Zahnbürste auf das bereits auf dem Kleister gezogene Muster spritzen. Negative, also weiße Flecken bekommen Sie, indem Sie wiederum mit einer Zahnbürste Wasser oder stark verdünnten Tapetenkleister auf den Ölfarbenfilm spritzen, da das Wasser die Ölfarbe nicht auf der Eischale haften läßt.

Die marmorierten Eier auf der vorhergehenden Doppelseite wurden auf Stangen gezogen und bilden so einen schönen Osterstrauß. Kleben Sie die Eier an beiden Öffnungen mit Kontaktkleber auf Fähnchenstangen aus Kunststoff fest, und schmücken Sie sie auf der Oberseite mit einer kleinen Holzperle. Bestreichen Sie die Stange nun mit Alleskleber, und umwickeln Sie sie mit einem farblich zur Gestaltung des Eis passenden Band. Zum Schluß wiederholen Sie die Farben des Marmormusters in den Bänderschleifen unter dem Ei.

Mit der Zahl der Farbnuancen und der Dichte der Linien steigert sich auch die Tiefenwirkung im Muster.

Marmorieren

Eine Variante der bisherigen Technik des Marmorierens ist die Gestaltung der Strukturen auf dem Ei. Für den Fall, daß Sie einmal eine ganz bestimmte Musterung erzielen wollen, die Ihnen mit der normalen Technik nicht gelingt, bietet sich hiermit eine Methode der einfachen Nachbearbeitung.

Dabei verfahren Sie wie bereits beschrieben, nur müssen die Tropfen Ölfarbe, die Sie auf den Kleister träufeln, etwas dickflüssiger sein, damit sie weiterhin modellierbar bleiben. Nachdem Sie die Kleisterreste im Wasser besonders vorsichtig von der Eischale abgespült haben, können Sie mit einem Zahnstocher oder einem sauberen Borstenpinsel die Linien in die gewünschte Form ziehen.

Das nachträgliche, manuelle Marmorieren sollten Sie sicherheitshalber ein paarmal auf Papier üben, um mit den Eigenschaften der Ölfarben besser vertraut zu sein. Da diese Art der Bearbeitung recht dicke Farbschichten verlangt, müssen Sie aufpassen, daß Ihnen die Farbe beim Trocknen nicht springt oder gar vom Ei abblättert. Außerdem dauert es natürlich entsprechend länger, bis eine dicke Schicht Ölfarbe vollständig getrocknet ist. Wegen der bereits angesprochenen Gefahr der Rißbildung in der Farbfläche kann man den Trocknungsprozeß auch nicht durch einen Haarfön beschleunigen.

Sicherheitshalber sollten Sie darum das Ei nach dem Trocknen vorsichtig lackieren, um die Farbe von außen zu binden. Verwenden Sie glänzenden Sprühlack und keinen Klarlack zum Streichen, da die Gefahr besteht, daß Sie mit dem Pinsel einige Farbpartikel abheben.

Feine Marmorstrukturen werden durch starke Kontraste lebendiger.

Mein Tip Grundieren Sie die Eier, die Sie marmorieren wollen, vorher mit einer Färbetablette im Wasserbad, so vermeiden Sie das Aufblitzen weißer Zwischenräume in den Mustern.

Marmorieren

Überreichen Sie zum Osterfest doch einmal statt eines Blumenstraußes ein hübsch arrangiertes Ei.

Marmorieren Sie zuerst ein Ei mit nicht mehr als drei Farbtönen. Die hier gewählte Kombination Schwarz, Rot und Weiß ist eine klassische Farbzusammenstellung, die viele Dekorationsvarianten ermöglicht. So wiederholen sich diese drei Farben gleich mehrmals in den Dekoelementen.

Nachdem das Ei getrocknet ist, geben Sie in jedes Loch etwas Kontakt- oder Sekundenkleber, so daß der Rand von innen her benetzt ist. Stekken Sie nun eine Fähnchenstange aus Plastik so hindurch, daß sie am oberen Loch gerade einen halben bis einen Millimeter herausschaut. Kleben Sie dann an diesem Ende eine kleine Holzperle in einer der Farben auf, mit denen Sie das Ei marmoriert haben.

Kleben Sie einen Papierkragen oder ein Stück Tortenspitze in der gleichen Farbe unterhalb des Eis an. Streichen Sie anschließend die Kunststoffstange mit Alleskleber ein, und umwickeln Sie sie mit Geschenkband, wobei Sie eine andere Farbe verwenden. Den oberen Abschluß verdekken Sie mit zwei Bändern in der dritten Farbe, die Sie an den Seiten großzügig herunterhängen lassen.

Zum Schluß dekorieren Sie den Papierkragen mit Strohsternen oder -blumen und Dekofedern in den Farben des Stiels.

Hübsch dekorierte Ostereier eignen sich auch gut als stilvolle Geschenke.

Plastisches Marmorieren

Mit Dispersionsfarben lassen sich ebenfalls Eier marmorieren, die, wenn die Farbe getrocknet ist, fast unzerbrechlich sind.

Im Gegensatz zur bisher beschriebenen Methode wird hier direkt auf dem Ei marmoriert. Dazu stecken Sie ein ausgeblasenes und gereinigtes Ei so fest wie möglich auf einen Schaschlikspieß. Halten Sie das Ei nun waagerecht, und träufeln Sie zwei, drei verschiedene Farbtöne nacheinander auf das Ei, wobei Sie es mit Hilfe des Holzspießes um die eigene Achse drehen.

Mit einem weiteren Schaschlikspieß oder einem Zahnstocher ziehen Sie nun zuerst die noch frei gebliebenen Stellen mit Farbe zu und vermischen die Farben dann vorsichtig, so daß die für das Marmorieren typischen Adern entstehen. Drehen Sie die Spieße während des Trocknens hin und wieder, damit die Farben nicht verlaufen und keine häßlichen Tropfnasen entstehen.

Ist die Farbe getrocknet, sollten Sie das Ei mit umweltfreundlichem Tapetenlack überziehen, da die Dispersionsfarbe selbst nicht glänzt.

Mit Dispersionsfarbe marmorierte Eier wirken sehr griffig und sind fast unzerbrechlich.

Mein Tip Um das Trocknen der Dispersionsfarbe zu beschleunigen, kann man einen Heißluftfön verwenden.

Plastisches Marmorieren

Beim Marmorieren mit Dispersionsfarbe haben Sie natürlich alle Möglichkeiten der Farbzusammenstellung, die Sie sich vorstellen können, doch gibt es einige Farbkombinationen, die, in dieser Technik ausgeführt, besonders wirkungsvoll sind.

Starke Kontraste sind bei jeder Art von Marmorierung dekorativ. Je klarer die Farben sind, desto mehr leuchten sie, und das Muster wirkt um so lebendiger. Aber auch cremige Farben, die einen hohen Weißanteil haben, werden durch die Plastizität des verwendeten Materials sehr attraktiv.

Mischen Sie sich zuerst eine Grundfarbe, die Ihnen zusagt. Erzeugen Sie dann durch Hinzusetzen von weißer Farbe zwei davon abgestufte, hellere Töne. Wie hell Sie diese Abstufungen wählen, hängt von Ihrem Geschmack ab, jedoch müssen Sie bedenken, daß durch Vermischung ohnehin noch Zwischentöne entstehen, so daß die Farbunterschiede nicht zu gering gewählt werden sollten.

Mein Tip Sehr schöne irisierende Effekte lassen sich durch Hinzugabe von gold- und silberfarbenem Metallstaub erzielen, der einfach über die noch feuchte Farbe gestreut wird.

Farbfelder

Oft ist der Zufall ein entscheidendes Gestaltungselement, wenn es darum geht, Farbflächen interessant zu strukturieren. So auch bei den Farbfeldeiern, von denen nie eines dem anderen gleicht.

Bereiten Sie zuerst einige Eier vor, die Sie gut reinigen und von Fett befreien sollten. Legen Sie sie beiseite, und setzen Sie nach den Hinweisen auf der Packung ein Farbbad mit handelsüblichen Kaltfarben für Ostereier an. Lassen Sie nun einige Eier im Farbbad schwimmen (nicht tauchen!), bis diese in der gewünschten Intensität gefärbt sind. Nehmen Sie die Eier heraus, und legen Sie sie mit der nassen Seite nach unten auf einen Eierkarton, wo sie trocknen können. Bilden sich Tropfen, so müssen Sie diese mit einem Küchenpapier aufsaugen. Achten Sie darauf, daß Sie weder tupfen noch reiben, da Sie sonst die Farbschicht beschädigen.

Nach dem Trocknen legen Sie dann die Eier so in anderes Farbbad, daß sich die Farbfelder leicht überschneiden. Wiederholen Sie den Vorgang nach dem Trocknen so oft, bis Sie Ihr Ei in allen gewünschten Farben ganz eingefärbt haben. Das völlig getrocknete, fertige Ei sollten Sie abschließend mit Sprühlack zum Glänzen bringen.

Die Farbfeldtechnik läßt die Farbtöne auf weißen Eiern recht klar und leuchtend erscheinen; auf Landeiern entstehen erdige Naturtöne.

Farbfelder

Die Farbfeldeier eignen sich gut für eine anschließende Bearbeitung, die die besondere Struktur benutzt oder auch betont. Zwei sehr einfache Techniken verwenden Tusche (Scribtol), die sich mit ihrer tiefen Schwärze gut gegen den lichten, bunten Untergrund abhebt.

So wirken die Eier im Korb auf Seite 43 sehr klar und wohl geordnet. Ziehen Sie dazu einfach mit einem Federhalter und Tusche die Konturen nach, die die Grenzen zwischen zwei unterschiedlichen Farbtönen bilden. Grenzen Sie dabei auch kleinere Flecken ein, entsteht der Eindruck einer geplanten, abstrakten Komposition.

Für die Pustetechnik schneiden Sie einen Plastiktrinkhalm auf etwa sechs Zentimeter Länge zu. Setzen Sie dann einen kleinen Tropfen Tusche auf das Ei. Lassen Sie die Tusche nicht hinabtropfen, da sonst sofort häßliche Spritzer entstünden.

Zerblasen Sie den Tropfen nun aus kurzer Entfernung mit dem Trinkhalm in verschiedene Richtungen, bis ein Muster entsteht.

Tusche bildet mit ihrer tiefen Schwärze einen schönen Kontrast zu den bunten Farbfeldeiern.

Farbfelder

Gerade weil Farbfeldeier so leicht herzustellen und zu dekorieren sind, wird des Guten oft zuviel getan.

Begrenzen Sie sich bereits bei der Anzahl der verschiedenen Farbbäder, denn durch Überlappung und unterschiedliche Farbintensität entstehen bereits zahlreiche Mischtöne, die Sie bei mehr als vier oder fünf verschiedenen Grundfarben kaum noch auseinanderhalten können. Greifen Sie darum zuerst auf die Grundfarben Gelb, Blau und Rot zurück.

Gleiches gilt für die zerblasene Tusche. Hören Sie auf, wenn es am schönsten ist, denn bereits einige wenige Linien zuviel können das Ei unübersichtlich und damit unschön machen. Wenn Sie einmal zuviel Tusche verwendet haben, ist es kein Problem, den Überschuß vorsichtig mit einem Stück Küchenpapier abzusaugen.

Mein Tip Das Zerblasen von Tusche mit einem Trinkhalm dürfte auch kleinen Kindern viel Freude bereiten.

Ganz vom Zufall bestimmt sind Untergrund und Zeichnung bei diesen Farbfeldeiern.

Farbfelder

Ähnliche Effekte wie mit der Tuschefeder können Sie auch durch Ätzen erzielen, die Farbfeldeier wirken dann noch edler und vornehmer.

Decken Sie zuerst Ihre Arbeitsplatte gut mit einem säureunempfindlichen Material, beispielsweise einer Glasscheibe, ab, und legen Sie sich Gummihandschuhe bereit. Tauchen Sie nun einen Federhalter in 12%ige Salzsäure, und ziehen Sie die Konturen zwischen den einzelnen Farbfeldern nach. Zeichnen Sie allerdings immer nur kurze Linien mit der Säure, die Sie sofort mit einem Stück Küchenpapier abwischen. So kann sich die Säure nicht verteilen und keine größeren Flächen bleichen.

Spülen Sie das Ei nach Beendigung der Arbeit unter fließendem Wasser gut ab, und lackieren Sie es anschließend.

Wie bei allen Farbfeldeiern ergeben auch hier gleiche Farben je nach verwendetem Eiertyp unterschiedliche Töne.

Mein Tip Vorsicht beim Arbeiten mit Salzsäure! Vermeiden Sie jeden Hautkontakt, und geben Sie vor allem auf Ihre Augen acht. Stellen Sie für den Notfall auch destilliertes Wasser bereit, mit dem Sie die Säure bei Bedarf verdünnen können.

Farbfelder

Die durch helle Linien voneinander getrennten weichen Farben lassen die Eier sehr kostbar erscheinen.

Kleiner Zoo

Da Farbfeldeier relativ leicht herzustellen sind, eignen sie sich besonders gut zum gemeinsamen Gestalten mit Kindern. Hierbei müssen Sie jedoch alle Materialien auf die Kinder abstimmen. Die Konturen lassen sich statt mit der Zeichenfeder ebensogut mit ungiftigen Filzstiften nachziehen.

Zwar ist Tusche relativ harmlos, ihr Hauptproblem besteht eigentlich mehr darin, daß Flecken nur schwierig oder gar nicht wieder aus der Kleidung zu entfernen sind. Kritischer wird es jedoch, wenn Sie gemeinsam mit Kindern die Ätztechnik versuchen wollen, was sich ja gerade bei den lustigen Tieren anbietet.

Verwenden Sie dann auf gar keinen Fall Salzsäure, sondern besorgen Sie sich Zitronensäure oder Essigessenz. Aber auch hier ist Vorsicht geboten, und alle Gefäße sollten gut verschließbar und kippsicher bereitgestellt werden.

Zeichnen Sie zuerst die Motive mit einem harten Bleistift oder einem weißen Buntstift nach der Vorlage auf Seite 75 vor. Verfahren Sie dann genau wie bei den Farbfeldeiern mit geätzten Konturen, indem Sie die Linien der Vorzeichnung Stück für Stück nachziehen und gleich wieder abtupfen, um ein Verlaufen der Säure zu verhindern. Nach dem Zeichnen müssen Sie die Eier nur noch gut abspülen und lackieren.

Die Vorlagen für den kleinen Zoo finden Sie auf Seite 75.

Blumenstrauß

Mit Salzsäure lassen sich leicht und schnell Zeichnungen anfertigen, die dadurch, daß sie mit der Feder oder dem Pinsel aufgebracht werden, auch den Schwung einer richtigen Zeichnung besitzen.

Zum Einstieg sollten Sie sich an diesem einfachen Blumenmotiv versuchen, um die Technik und ihre Möglichkeiten kennenzulernen. Färben Sie zuerst ein Ei mit den handelsüblichen Kalt- oder Tablettenfarben, und übertragen Sie die Vorlage von Seite 75 mit einem weißen Buntstift oder einem harten Bleistift auf das Ei. Decken Sie Ihre Arbeitsunterlage mit einer Glasplatte ab, legen Sie sich Küchenpapier und Gummihandschuhe bereit und ein Gefäß mit 12%iger Salzsäure.

Ziehen Sie die Vorzeichnung nun mit einer Schreibfeder oder einem feinen Haarpinsel und Säure in kleinen Abschnitten nach. Tupfen Sie die Säure sogleich wieder vom Ei ab, damit keine größeren hellen Flecken entstehen. Zum Schluß spülen Sie das Ei unter fließendem Wasser gut ab und lackieren es.

Die Zeichnung wird nie ganz weiß werden, da die Grundfarbe oft recht tief in die Eierschale eindringt. Doch gerade dieser Rest vom Farbton des Eis kann die Zeichnung sehr reizvoll aussehen lassen.

Wenn Sie nun eigene Motive mit Salzsäure zeichnen wollen, so sollten Sie auch diese vorzeichnen, da Sie sich mit der Säure ja immer nur Stück für Stück vorarbeiten und so leicht den Überblick verlieren können. Ein praktisches Verfahren ist die Herstellung eines Kreidepauspapiers. Entwerfen Sie dazu Ihr Motiv auf einem Blatt dünnem Papier, das Sie anschließend auf der Rückseite mit Schulkreide einreiben. Fixieren Sie das Kreidepapier nun mit Klebeband am Ei, und übertragen Sie mit einem spitzen harten Bleistift vorsichtig die Konturen vom Papier auf die Eierschale.

Wenn Sie überflüssigen Kreidestaub durch Pusten entfernt haben, können Sie mit der Ausführung der Ätzzeichnung beginnen.

Mein Tip Achtung beim Umgang mit Salzsäure! Vermeiden Sie jeden Kontakt der Säure mit der Haut oder gar Ihren Augen!

Mit Säure lassen sich schwungvolle und lebendige Zeichnungen auf vorgefärbten Eiern anbringen.

Dorf und Blätterbatik

Das kleine Dorf ist mit einem feinen Haarpinsel und Salzsäure auf ein gefärbtes Ei geätzt worden. Diese Technik finden Sie ausführlich auf den Seiten 46 und 49 beschrieben. Die Blätterbatik können Sie bereits auf Ihren ersten Frühlingsspaziergängen vorbereiten, indem Sie kleinere Blätter, Blüten und Gräser sammeln, die etwa halb so groß wie ein Hühnerei sein sollten, damit diese sich der Form des Eis gut anpassen können. Haben die Pflanzen länger gelegen, bevor Sie sie verwenden, sollten sie in warmem Wasser eingeweicht werden, damit sie

später nicht brechen und Farbe an ungeeigneter Stelle aufs Ei gelangt.
Reinigen und entfetten Sie zuerst die Eier. Bestreichen Sie dann die Blätter und Gräser auf einer Seite mit etwas Eiweiß, und kleben Sie sie so auf die Eierschale. Schneiden Sie nun mehrere, etwa zehn mal fünfzehn Zentimeter große Stücke aus einem alten Nylonstrumpf aus. Wickeln Sie das Ei mit dem Nylongewebe wie ein Überraschungsbonbon ein. Drehen Sie dann die Enden des Gewebes mit Verschlußclipsen für Gefrierbeutel oder kleinen Gummirin-

gen zusammen. Vergewissern Sie sich, daß die Pflanzen ganz eng an der Eierschale liegen und somit keine Farbe zwischen Blatt und Ei gelangen kann.
Bereiten Sie nun das Farbbad vor. Sie können dafür entweder Kaltfarben oder Kochfarben, Batikfarben und Naturfärbemittel wie Zwiebelschalen oder Tee verwenden. Ausschlaggebend ist dabei der von Ihnen gewünschte Farbton; Kochfarben ergeben eine intensivere Färbung.
Tauchen Sie nun die verpackten Eier in das Farbbad, und lassen Sie sie so lange ziehen, bis sie die richtige Farbe angenommen haben. Wenn Sie Kochfarben verwenden, müssen Sie die Eier nach dem Färben kurz unter kaltem Wasser abschrecken, damit sich die aufgeklebten Teile leichter ablösen lassen. Nehmen Sie nun vorsichtig den Nylonwikkel und die Blätter vom Ei ab, und lassen Sie die Farbe trocknen. Abschließend sollten Sie das Ei noch lackieren.

Die Vorlage für das kleine Dorf finden Sie auf Seite 75.

Mein Tip Verwenden Sie keine feingliedrigen Pflanzenteile, da sich deren Konturen nicht gut abzeichnen.

Tupfenbatik

Batik als Technik zur Herstellung schöner Stoffe ist eine altbekannte Sache; daß man durch Abdecken mit Wachs auch Ostereier schmücken kann, mag für viele neu sein, obwohl auch dieses Dekorationsverfahren bereits eine lange Tradition hat.

Nachdem Sie das Ei von Fett befreit haben, beginnen Sie Ihre Vorbereitungen mit dem Anrühren von Kaltfarben nach den Herstellerhinweisen. Stellen Sie bereits jetzt schon alle in Frage kommenden Farbbäder her, das ermöglicht Ihnen später ein zügiges Arbeiten. Da das Ei zwischen den einzelnen Färbegängen nicht gereinigt werden kann, sollten Sie es möglichst mit einem Lappen oder Baumwollhandschuh anfassen, wenn Sie befürchten, daß durch Ihre Fingerabdrücke Fettflecke entstehen, an denen später keine Farbe haftet.

Zünden Sie nun eine weiße Haushaltskerze an. Hat sich nach einiger Zeit genügend Wachs verflüssigt, so träufeln Sie erste Muster auf das weiße Ei. Dabei können Sie mit runden Tropfen oder kleinen Punkten beginnen. Durch Drehen des Eis können Sie das Wachs aber auch verlaufen lassen, wodurch ein Streifenmuster entsteht. Ist das Wachs erkaltet — was relativ schnell der Fall ist —, so legen Sie das Ei ins erste Farbbad. Beginnen Sie immer mit dem hellsten Farbton, da weitere Farben nachfolgen, die sich mit dem Grundton mischen oder ihn gar überdecken.

Lassen Sie das Ei nun gut abtropfen. Nach dem Antrocknen der Farbschicht träufeln Sie wiederum etwas Wachs auf das Ei. Denken Sie daran, daß an allen Stellen, an denen Sie die Grundfarbe abdecken, diese erhalten bleiben wird. Ist das Wachs fest geworden, tauchen Sie das Ei ins nächste Farbbad. Wiederholen Sie den beschriebenen Vorgang nun so lange, bis das von Ihnen gewünschte Muster oder der Farbton Ihrer Wahl erreicht ist. Sie können die Wachsmuster natürlich auch etwas gezielter aufbringen. Zünden Sie dazu ein Teelicht an, und stecken Sie eine Stecknadel mit einem Glaskopf in einen Korken. Erhitzen Sie nun den Kopf der Stecknadel in der Flamme, und tauchen Sie ihn in das flüssige Wachs des Teelichts. Tragen Sie mit dem Wachs nun schnell Ihr Motiv Zug um Zug auf dem Ei auf. Tauchen Sie anschließend das Ei in Farbbäder, wobei Sie wiederum mit der hellsten Farbe beginnen sollten.

Ist das Ei schließlich fertig dekoriert, entfernen Sie das Wachs bei 50 bis 100 Grad Celsius im Backofen. Legen Sie dazu mehrere Lagen Küchenpapier auf den Rost des Ofens, um ihn vor Verschmutzung zu bewahren. Beginnt das Wachs zu schmelzen, reiben Sie es vorsichtig mit einem Küchentuch ab.

Durch wiederholtes Mischen der Farben passen die einzelnen Farbtöne bei der Batiktechnik immer gut zueinander.

Geometrische Batik

Die Vorlagen zu diesem Batikmotiv finden Sie auf den Seiten 72 und 74.

Eine nicht einfache, aber außerordentlich reizvoll Methode, Ostereier kunstvoll zu gestalten, ist diese ursprünglich aus der Ukraine stammende Batiktechnik.

Reinigen und entfetten Sie zuerst wieder das Ei. Bereiten Sie dann mit den handelsüblichen Kaltfarben drei bis vier Farbbäder vor, die einen sehr hellen und einen kräftigen, dunklen Farbton beinhalten sollten.

Auf einem Stövchen mischen Sie sich nun das Wachs für die Zeichnung an. Lösen Sie ein Teil Bienenwachs zusammen mit einem Teil Stearin (Kerzenwachs) auf, oder besorgen Sie sich handelsübliches Batikwachs. Mit einer über einer Kerzenflamme erhitzten Zeichen- oder Schreibfeder bringen Sie nun die erste Zeichnung nach den Vorlagen von den Seiten 72 und 74 auf. Nach dem Erkalten der Zeichnung tauchen Sie das Ei im ersten, hellsten Farbbad, bis der gewünschte Farbton erreicht ist. Lassen Sie das Ei jetzt gut trocknen, und erweitern Sie dann das Muster, indem Sie weitere Felder und Linien mit Wachs bedecken, die später in der hellen Farbe erscheinen sollen. Wiederholen Sie den Vorgang so lange, bis das Muster vollständig ist. Entfernen Sie das Wachs nun im Backofen bei etwa 50 bis 100 Grad. Wenn die Wachszeichnung zu schmelzen beginnt, müssen Sie sie sehr vorsichtig mit einem weichen Lappen vom Ei abwischen.

Geometrische Batik

Mit dieser Technik verzierte Eier erfordern gewiß etwas Übung, doch ist eine gute Vorbereitung fast schon die Garantie für ein Gelingen.

Wählen Sie daher zuerst den Untergrund, das Ei, nach Ihrem Geschmack aus, und stimmen Sie dann die erste, hellste Farbe daraufhin ab. Dekorieren Sie beispielsweise ein Landei, müssen Sie bedenken, daß alle Farben etwas gedeckter wirken. Gänseeier eignen sich übrigens nicht so gut für diese Art der Verzierung, da sie eine großporige Oberfläche haben, auf der sich die feinen Wachslinien nicht gleichmäßig ziehen lassen.

Stellen Sie anschließend die gesamte Farbpalette, die Sie verwenden wollen, zusammen. Am besten machen Sie dafür eine Skizze mit entsprechenden Buntstiften auf Papier, da sich so die Mischtöne besser vorausplanen lassen. So eine Skizze auf Papier eignet sich natürlich auch bestens, um eigene Muster zu entwerfen. Benutzen Sie ein kariertes Rechenheft, da Sie so über Hilfslinien bei der Konstruktion verfügen. Anregungen für Ihre Eigenkompositionen finden Sie sicherlich auf den Seiten 72 bis 74 dieses Buches.

Die Vorlage zu diesem Batikmotiv finden Sie auf Seite 74.

Gravieren

Die Vorlage zu diesem Motiv finden Sie auf Seite 74.

Für den stimmungsvollen, traditionellen Osterstrauß eignen sich gravierte oder gekratzte Eier ausgezeichnet. Setzen Sie zuerst ein Farbbad an. Es eignen sich fast alle im Handel erhältlichen Färbemittel, von ganz einfachen Färbetabletten über Naturfarben bis hin zu Batikfarben.

Auf jeden Fall sollten Sie Kochfarben verwenden, da sich die Eier mit ihnen intensiver färben lassen. Versetzen Sie die Farbe mit etwas Salz und Essig, haftet sie noch besser auf der Eischale. Damit ein gleichmäßiger Farbton erzielt wird, wenden Sie die Eier mit einem Löffel im Farbbad hin und her.

Nehmen Sie die Eier heraus, sobald die gewünschte Färbung erreicht ist und lassen Sie sie trocknen, bevor Sie mit dem Gravieren beginnen.

Zeichnen Sie zunächst mit einem harten, spitzen Bleistift oder einem weißen Bunstift das Dekor vor. Wie genau Sie Ihre Vorzeichnung anlegen, hängt davon ab, wie erfahren und geschickt Sie bereits gravieren können. Anfangs sollten Sie daher vielleicht alle Einzelheiten des Motivs skizzieren. Mit wachsender Erfahrung genügt es dann, das Ei mit Hilfe der Vorzeichnung gleichmäßig zu unterteilen.

Führen Sie nun die Zeichnung mit einem Grafikermesser (Cutter) oder einer Gravier- oder Radiernadel aus. Achten Sie dabei darauf, daß Sie die Eischale nicht durch zu tiefes Ritzen verletzen.

Gravieren

Gravierte Ostereier besitzen zwar meist eine nostalgische Note, jedoch eignen sich natürlich auch moderne Motive zur Dekoration.

Für die umlaufenden Bänder, die die Eier in zwei oder mehr Bildfelder, sogenannte Medaillons, aufteilen, finden Sie auf den Seiten 73 und 74 dieses Buches viele Vorlagen. Um die Medaillons auszufüllen, gibt es im großen und ganzen drei Möglichkeiten. Zum einen sind das bildliche Darstellungen, wie beispielsweise Tiermotive. Traditionelle Osterbilder sind natürlich Lamm und Hahn, aber auch Enten und Hasen machen sich recht gut am Osterstrauch. Daneben kommen selbstverständlich eine Vielzahl von Blumen und Pflanzen für die Gestaltung der Bildfelder in Frage.

Sie können die Bildfelder aber auch nur mit Ornamenten ausfüllen, dazu finden Sie auf Seite 72 einige Vorlagen. Eigene Entwürfe führen Sie am besten auf Karo- oder Millimeterpapier aus, da sich das Ornament so sehr gleichmäßig konstruieren läßt. Lassen Sie sich dabei von Motiven des Alltags, wie Teppichmustern oder gestickten Tischdecken inspirieren.

Wenn Sie Ihre Eier gern verschenken, bietet es sich an, sie mit Sinnsprüchen zu beschriften, mit denen Sie Ihre guten Wünsche zum Osterfest übermitteln. Auf den folgenden Seiten finden Sie eine Auswahl solcher, zum Teil sehr alter, Sprüche.

Die Vorlagen zu diesem Motiv finden Sie auf den Seiten 72 und 74.

Gravieren

Ostergrüße mit einem gravierten Ei zu übermitteln ist in vielen Teilen Europas ein beliebter Brauch. Mit Ihrer persönlichen Handschrift verleihen Sie Ihrem Gruß darüber hinaus eine sehr persönliche Note. Damit Sie immer den richtigen Ton treffen, haben wir für Sie einige alte und neue Sprüche zusammengetragen.

Dein Leben sei voll Sonnenschein, Glück soll stets Dein Begleiter sein.

Alles, was Dein Herz erfreut, werde Dir gegeben: Nämlich die Zufriedenheit und ein langes Leben.

Dein Müssen und Dein Mögen, die stehn sich oft entgegen.

Als ich beschrieben dieses Ei, war ich mit ganzem Herz dabei. Drum nehme nun aus treuer Hand, dies Ei als einen Unterpfand.

Alle Menschen sollst Du lieben, ganz egal, ob arm, ob reich. Niemand sollst Du je betrüben, denn vor Gott sind alle gleich.

Pflückst Du Blumen, sei bescheiden, nehme nicht so viele fort. Schau, die Blumen würden leiden, zieren sie nicht ihren Ort.
Nimm nur wenig, laß die andern auf der Wiese, an dem Strauch. Andre, die vorüberwandern, freun sich an den Blumen auch.

Ich wünsche Dir, so soll es sein, von Herzen Glück und Sonnenschein.

Wie das Blümchen auf der Heide, wie das Kälbchen auf der Weide, wie auch das Vergißmeinnicht sich erfreun am Sonnenlicht, wie die munteren Amseln singen, wie die Kitzen fröhlich springen, wie das Bächlein glitzernd fließt, so seist Du, mein Freund, gegrüßt.

Die Vorlage für den Hahn auf der gegenüberliegenden Seite finden Sie auf Seite 75.

Mein Tip Im Bastelfachgeschäft sind elektrische Graviergeräte erhältlich, mit denen sich Beschriftungen flüssig und gleichmäßig gravieren lassen.

Gravieren

Eine ganz besondere Variante des Sprucheis finden Sie auf der rechten Seite abgebildet. Die Außenseite ist in der bewährten Weise graviert worden, der Spruch aber befindet sich auf einer kleinen Papierrolle im Innern des Eis.

Zuerst färben und gravieren Sie ein möglichst großes dickwandiges Ei. Bohren Sie dann mit dem elektrischen Graviergerät oder einem feinen Bohrer die Öffnung für das Spruchband auf der Seite des Eis so, daß nichts vom Muster der Gravur verdeckt wird. Beschriften Sie nun einen passenden Streifen Papier und kleben Sie ihn an einer Seite

an einem Fahnenstiel aus Kunststoff fest. Rollen Sie den Papierstreifen fest um den Stiel, und stecken Sie das Ganze durch die Öffnungen an den Kuppen ins Ei hinein. Wenn sich der Papierstreifen etwas gelockert hat, brauchen Sie ein wenig Geduld, um ihn durch den seitlichen Schlitz zu fädeln. Helfen Sie sich dabei mit einer Nadel oder einer feinen Pinzette.

Sichern Sie nun das Spruchband mit einem kleinen Hölzchen gegen ein Zurückrutschen ins Innere des Eis. Zum Schluß verzieren Sie Stiel und Papierstreifen noch mit Bast und Holzperlen.

Gerade zu Ostern verschenkt man vielerorts gerne Liebesgrüße auf roten Eiern. Die folgenden Sprüche sollen Ihnen dabei helfen, auch hier die richtigen Worte zu finden.

Was auch immer die Zukunft bringen mag, Deine Liebe adelt jeden Tag.

Froh mein Herz nur ist, wenn Du bei mir bist.

Liebe im Herzen lindert alle Schmerzen.

Seitdem Dein Herze mir gehört, ist erst das Leben lebenswert.

Wer ein treues Herze weiß, hält des Glückes schönsten Preis.

Du hast mich froh gemacht, hast mir das Glück gebracht.

Wie Gold so rein schau ich das Glück, wenn ich Dir in die Augen blick.

Was mir Dein Herz gegeben, ist Glück fürs ganze Leben.

Wo Du auch weilst, stets denk ich Dein, du bist mein Glück und Sonnenschein.

Als ich Dich gesehn, war es um mein Herz geschehn.

Ich liebe Dich, laß Dich nicht mehr, und wenn die Welt voll Teufel wär.

Alle Schätze sind mir gleich, Deine Liebe macht mich reich.

Die Vorlagen für die Motive auf dieser und der gegenüberliegenden Seite finden Sie auf den Seiten 72 bis 74.

Lustige Kindereien

Ostern ist wie Weihnachten ein Fest für die ganze Familie, und besonders Kinder haben an Ostereiern viel Spaß. Gestalten Sie darum auch einmal Eier nur für Kinder, indem Sie sie durch Bekleben und Bemalen in lustige Figuren verwandeln.

Ein österliches Dorf, das sich gut im Garten verstecken läßt, ist mit etwas Farbe, Karton und Klebstoff schnell aus gekochten Eiern hergestellt. Zwar können Sie das Ei einfach mit der roten Grundfarbe bemalen, im Farbbad bekommt es jedoch einen gleichmäßigeren Überzug.

Malen Sie nun mit einem feinen Haarpinsel (Nr.1) waagerechte Linien rundherum auf dem Ei auf. Unterteilen Sie diese Linien dann so, daß ein typisches Ziegelsteinmuster entsteht. Malen Sie jetzt weiße Rechtecke für die Fenster. Mit Deckfarbe fügen Sie dann Fensterläden, Tür, Treppe und Türklinke hinzu. Achten Sie darauf, daß Sie gut deckende Farben verwenden.

Ist die Farbe trocken, so knikken Sie ein mit Dachschindeln bemaltes Stück Karton und kleben es mit Doppelklebeband oder Kontaktkleber auf dem Ei auf.

Die lustigen Köpfe auf der gegenüberliegenden Seite sind auch recht einfach herzustellen. Zeichnen Sie aber trotzdem mit einem harten Bleistift die wesentlichen Elemente der Gesichter vor.

Malen Sie mit Deckfarben die Gesichtszüge und bei der Mickymaus außerdem die schwarze Gesichtsumrandung auf. Zum Schluß müssen Sie nur noch die Nasen aus kleinen Papierkugeln und Fellreste oder entprechend zurechtgeschnittene schwarze Pappohren mit Kontaktkleber an den Eiern anbringen.

Ohne viel Aufwand lassen sich diese bunten Eier schnell gestalten.

Mein Tip Wenn Sie die Köpfe nicht nur für sondern auch mit kleineren Kindern gestalten wollen, verwenden Sie statt der Deckfarben, die mit dem dünnen Pinsel nur mit ruhiger Hand aufzutragen sind, am besten ungiftige Filzstifte.

64

Rosa Schweinchen

Gerade für Kinder sind figürlich gestaltete Eier natürlich der passende Osterschmuck. Doch auch mancher Erwachsener wird sich sicherlich über ein kleines Glücksschwein und die damit verbundenen Wünsche freuen.

Legen Sie sich ein Ei bereit, und bereiten Sie die Knetmasse für die Schweineschnauze vor. Verwenden Sie am besten eine an der Luft trocknende Leichtknetmasse auf Holzbasis, da diese sich gut weiterverarbeiten läßt.

Modellieren Sie dann auf dem Ei die Schnauze, und lassen Sie sie den Herstellerangaben auf der Packung entsprechend lange trocknen. In der Zwischenzeit schneiden Sie aus Zeichenkarton ein Paar Ohren zurecht. Legen Sie den Karton dazu doppelt, so erhalten Sie durch einmaliges Ausschneiden zwei Formen, die genau gleich groß sind.

Wenn die Schnauze getrocknet ist, kleben Sie sie und die Ohren mit Kontakt- oder Sekundenkleber am Ei fest.

Bemalen Sie dann den Kopf des Schweinchens mit rosa Plakat- oder Temperafarbe und fügen anschließend nur noch Augen, Nasenlöcher und den Mund hinzu.

Mein Tip **Modellieren Sie die Knetmasse am besten auf einem Plastikei, damit das Hühnerei durch den Druck beim Kneten nicht beschädigt wird.**

Viel Glück wünschen Sie zu Ostern mit diesem kleinen Schwein.

Eierköpfe

Charakterköpfe auf Ostereiern sind gewiß eine Seltenheit und damit bestimmt eine gelungene Überraschung.

Verwenden Sie hier am besten Kunststoffeier, da bei diesen nicht die Gefahr besteht, daß sie während des Modellierens, bei dem ja ein gewisser Druck auf das Ei ausgeübt wird, zerbrechen. Unter Umständen müssen Sie die Kunststoffeier jedoch mit Sandpapier anrauhen, damit die Farbe auf ihnen besser haftet.

Bereiten Sie zunächst eine leichte Modelliermasse auf Holzbasis nach den Herstellerangaben auf der Packung vor. Kneten Sie dann kleine Kugeln, die Sie auf das Ei setzen. Formen Sie Nase, Mund, Augenbrauen und eventuell auch Ohren erst am Ei. Ist die Knetmasse hart geworden, kleben Sie die einzelnen Teile mit Kontakt- oder Sekundenkleber am Ei fest.

Bemalen Sie nun das Ei mit Plakat- oder Temperafarbe nach Ihren eigenen Vorstellungen. Bekleben Sie den fertig bemalten Kopf abschließend noch mit Hüten aus Papier oder Haaren aus Fell- und Wollresten.

Mein Tip Eine besondere Überraschung ist es, wenn Sie ein Porträtei mit Gesichtszügen und Frisur des Beschenkten modellieren.

Um diese Eier mit Charakter herzustellen, benötigen Sie zwar etwas Übung, erzielen aber auch eine entsprechende Wirkung.

Perleier

Diese kostbaren Ostereier verlangen einige Sorgfalt und gründliche Vorbereitung, lohnen aber gewiß auch jede Mühe.

Besorgen Sie sich im Bastelgeschäft einige kleine Watteeier, die Sie dort in verschiedenen Größen bekommen können. Versehen Sie die Eier anschließend mit kleinen Aufhängern aus Draht.

Erhitzen Sie in einem Stövchen alte Kerzenreste, denen Sie etwas Bienenwachs beimischen. Um dem Wachs Farbe zu geben, können Sie Späne von Wachsmalstiften hinzugeben. Ist das ganze Wachs flüssig geworden, tauchen Sie die Eier am Aufhänger ganz im Wachs ein. Lösen Sie darum die Wachsreste in einem Gefäß auf, das tief genug ist, um das ganze Ei aufzunehmen. Ist die Wachsschicht einigermaßen fest, wiederholen Sie den Tauchvorgang noch etwa drei- bis viermal.

Legen Sie sich nun die Perlen bereit, und sortieren Sie sie bereits nach Größe und Farbe so vor, wie es für das von Ihnen ausgewählte Muster sinnvoll ist. Nehmen Sie nun eine Perle nach der anderen mit einer spitzen Nadel auf, erhitzen Sie sie über einer Kerzenflamme und drücken sie sogleich ins Wachs ein. Dabei können Sie nach Ihrem Geschmack das ganze Ei mit Perlen überziehen oder nur einige Muster beschreiben, die größere Wachsflächen sichtbar lassen.

Mein Tip **Ungeübte können sich die Muster mit einer Nadel ins Wachs vorritzen.**

Die Vorlagen zu diesen Perleiern finden Sie auf Seite 78.

Perleier

Damit diese österlichen Schmuckstücke ohne Probleme gelingen, sollten Sie in die Vorbereitung einige Zeit und Sorgfalt investieren. Empfehlenswert ist der Bau eines Trockengestells, das Sie auch für andere Bastelarbeiten immer wieder verwenden können. Für diese nützliche Arbeitshilfe benötigen Sie nur einen großen Blumentopf, Gips, Steine und etwas Abfallholz. Nageln Sie zuerst drei bis vier Querleisten auf einem Vierkantholz fest, so daß eine Art Baum entsteht. Stellen Sie nun die Holzkonstruktion in den Blumentopf, und legen Sie sie mit einigen Steinen fest. Jetzt versiegeln Sie das Ganze noch mit einer Schicht aus Gips.

Wenn Sie später die Eier mit kleinen Perlen verzieren, sollten Sie das Wachsei kühl halten, damit die Oberfläche nicht weich wird, und sich so die bereits aufgebrachten Perlen wieder lösen. Aus dem gleichen Grund empfiehlt es sich, die Eier in der Zeit zwischen den Osterfesten kühl und trocken zu lagern. Legen Sie dazu eine Pappschachtel mit Verbandwatte aus, und bedecken Sie die Watte mit Drachenpapier oder Frischhaltefolie, damit sich auf den Eiern keine Fusseln festsetzen können. Über die Eier legen Sie wiederum Folie und Watte, bevor Sie den Deckel aufsetzen; so kann den Eiern auch zwischen den Festen nichts geschehen.

Mein Tip Abgefallene Perlen lassen sich ohne Mühe wieder auf dem Ei anbringen, wenn sie vorher erhitzt werden.

Die Vorlagen zu diesen Perleiern finden Sie auf Seite 78.

Perlenschnüre

Eine richtige Kostbarkeit besitzen Sie mit diesen gefädelten Perleiern, die Ihrem Osterstrauß viel Würde und Glanz verleihen.

Beginnen Sie die Arbeit, indem Sie Plastikeier mit Aufhängern versehen. Sortieren Sie dann kleine bunte Glasperlen nach den verschiedenen Farben und stellen Sie sie sich in kleinen Schälchen bereit. Zeichnen Sie nun einige Grundmuster mit einem weichen Blei- oder Fettstift auf dem Ei vor.

Nun benötigen Sie helle Nähseide und eine lange, dünne Nadel. Kleben Sie ein Ende des Fadens mit Sekundenkleber an der oberen Spitze des Eis fest. Fädeln Sie zunächst etwa zehn Perlen auf, und kleben Sie sie um den Aufhänger herum fest. Verwenden Sie dafür einen schnell abbindenden Holzleim, da Sie so unschöne Klebereste nach der Beendigung der Arbeit leicht entfernen können.

Fädeln Sie nun immer etwa drei bis vier Zentimeter Perlen auf, und kleben Sie sie fest. Das Muster ergibt sich daraus, wie die Perlen untereinander zu liegen kommen.

Mein Tip Sie können bequemer arbeiten, wenn Sie das Muster aus mehreren kleinen Fäden zusammensetzen. Dabei sollten Anfang und Ende immer gut am Ei verklebt werden.

Kostbar und vornehm wirken diese Eier mit aufgefädelten Perlen.

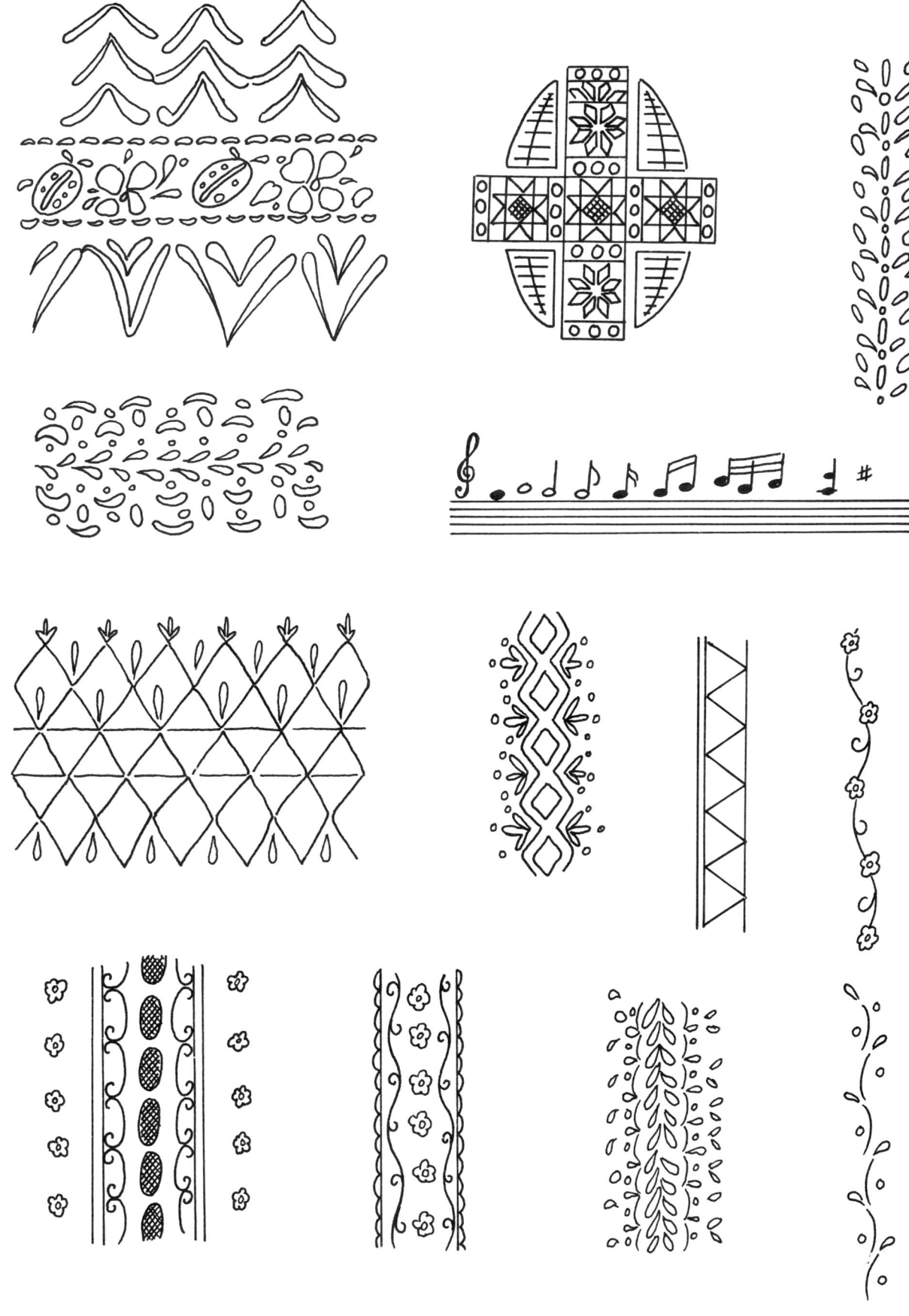

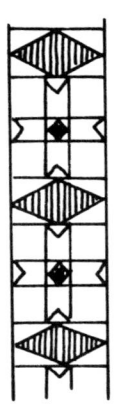

77